Y 5837
A

LA RIVALE

SUIVANTE,

COMÉDIE

EN UN ACTE EN VERS;

PRÉCÉDÉE D'UN PROLOGUE.

Par M. ROUSSEAU.

Repréfentée pour la premiere fois fur le Théâtre François le 3. Août 1747.

A PARIS,

Chez PRAULT Fils, Libraire, Quai de Conti, à la defcente du Pont-Neuf à la Charité.

―――――――――――

M. DCC. XLVII.

Avec Approbation & Privilege du Roy.

ACTEURS DU PROLOGUE.

Mlle. DUMESNIL.
Mlle. LAVOYE.
M. DUBREUIL.

EPITRE

A

MADAME LA COMTESSE

DE ****.

C'Est à vous, divine Comtesse,
Qu'aujourd'hui le Dieu du Permesse,
M'ordonne d'offrir mon encens,
Il me défend en même-tems
De louer vos Vertus, votre illustre Naissance,
Votre Esprit ; en un mot, tout jusqu'à vos talens ;
Je passerois bien sa défense,
Si j'écrivois comme je sens.

Pour justiffier mon hommage
Il ne veut pas que je m'engage,
A l'exemple de mille Auteurs,
A peindre ces traits enchanteurs
Que vous reçûtes en partage.
Non, le talent des Vers, ce talent si vanté,
N'a point des couleurs assés vives
Pour exprimer par des touches naïves,
Tant de Vertu d'esprit & de beauté.

Mais ne devrois-je pas, aidé de ma mémoire,
Chanter de vos Ayeux les belles actions ;
 Eh, que pourrois-je ajouter à leur gloire !
 Depuis long-tems, le nom des G****
 Est assés fameux dans l'Histoire.
Pour l'illustrer, mes efforts seroient vains.
Trop heureux seulement que ma Muse encor tendre,
 Sur vos pas ait osé répandre
Des fleurs qu'auroient versé de plus sçavantes mains.
 Mais tandis que le lys projette
D'offrir au Dieu du jour ses parfums, son encens ;
 Dans nos champs, l'humble violette
 Rend-t-elle moins son hommage au Printems ?

     R O U S S E A U.

F I N.

LA RIVALE.

PROLOGUE.

SCENE PREMIERE.

Mlle. LAVOYE, M. DUBREUIL.

Mlle. LAVOYE.

PARGNEZ-vous, Monsieur, d'inutiles
discours :
Pour abbréger ce dialogue,
Je ne veux point jouer dans le prologue.

M. DUBREUIL.

Eh quoi, vous persistez toujours !
Ce caprice est, ma foi, rare dans son espéce :
Quoi vous attendez le moment
Où nous allons donner la Piéce
Pour faire un pareil compliment !
A ce refus quel motif vous excite !
Que dira le public ! vous mocquez-vous de lui !
Pouvez-vous croire qu'aujourd'hui
Il excuse votre conduite !

Mlle. LAVOYE.

Sans doute : & je prétens qu'il me fasse un mérite
De lui sauver au moins un quart-d'heure d'ennui.
Chargez d'un compliment l'Orateur de la troupe ;
  Vous sçavez bien qu'il a le vent en poupe ;
Il portera bonheur à ces trois * nouveautés
Elles en ont besoin.

M. DUBREUIL.

     Pas tant que vous comptez.
  Eh ! croyez-moi, Mademoiselle,
Allez vous préparer ; secondez notre zèle.

Mlle. LAVOYE.

Pourquoi ! Pour annoncer que trois jeunes Auteurs
Vont chacun nous donner une Piéce nouvelle !
Fatiguer ma mémoire, & m'habiller exprès !
  Non, Monsieur, ce n'est point la peine ;
 Les Spectateurs sont assez éclairés
Pour s'en appercevoir dès la premiere Scene.

M. DUBREUIL.

  C'est précisément pour cela,
  Qu'il faut par un petit Prologue
  Leger, vif dans le Dialogue,.....
D'un goût nouveau, comique, & cetera.

---

* *Nota.* la Rivale suivante a été représentée avec les *Confidences réciproques*, & le *Plaisir* le même jour : & l'Auteur se chargea de faire le présent Prologue pour préparer ces trois Nouveautés.

COMÉDIE.

Mlle. LAVOYE.

D'un goût nouveau ! que me dites-vous-là :
La forme du Prologue est à présent usée ;
La plaisanterie épuisée
Nous offre seulement des répétitions.
Un génie agréable en a fait un en danse :
Il ne nous reste plus qu'à faire la dépense
D'un autre en décorations ;
Mais il faut le garder, je pense,
Pour de bonnes occasions.

M. DUBREUIL.

L'occasion ne peut être meilleure.

Mlle. LAVOYE.

Bon ! vous vous en êtes flatté ;
Mais vous allez voir tout à l'heure
Qu'un jugement que j'ai porté
Doit toujours être respectable :
Ces Piéces sont d'un froid épouvantable ;
C'est bien un Spectacle d'Eté.

M. DUBREUIL.

Ne criez pas si fort; on pourroit nous entendre :
Si ce bruit-là venoit à se répandre
Le public....

Mlle. LAVOYE.

N'admettroit aucune nouveauté !
Eh bien, tant mieux : il est bon de confondre
De ces jeunes Auteurs la sotte vanité.

A iij

LA RIVALE SUIVANTE,

M. DUBREUIL.

Mais c'est à nos dépens, qu'avez-vous à répondre ?
Tous trois ont moins d'orgueil, que de timidité.

Mlle. LAVOYE.

Vous les connoissez mal.

M. DUBREUIL.

Je crois les bien connoître.

Mlle. LAVOYE.

Eh ! fy donc ; quelle est votre erreur !
Quoi vous ignorez qu'un Auteur
Est en tout point semblable au petit Maître
Qui veut d'une beauté surmonter la rigueur ;
Doucereux au dehors, mais fier au fond du cœur;
Il prétend qu'on réponde à l'amour qu'il sent naître ;
Y répond-t-on, on voit paroître
Un homme impertinent qui parle avec hauteur ;
Ce n'est plus cet Amant soumis, mais c'est un maître
Qui nous traite en tyran, & non pas en vainqueur ;
Et s'il ne peut vaincre notre froideur,
S'il n'est heureux, il croit qu'il est digne de l'être.
Voilà le petit Maître, aussi bien que l'Auteur.

M. DUBREUIL.

Finissons, & songeons que nous ouvrons la Scene.

Mlle. LAVOYE.

Ouvrez-là seul, autant qu'il vous plaira.

M. DUBREUIL.

Vous manquerez l'entrée, on en murmurera.

COMÉDIE

___

SCENE II. & derniere.

Mlles. DUMESNIL, LAVOYE & M. DUBREUIL.

Mlle. DUMESNIL.

JE ne manquerai pas la mienne :
Me voilà prête ; & vous ne l'êtes pas !

M. DUBREUIL.

Vous venez à propos pour vuider nos débats.

Mlle. DUMESNIL.

Des débats ! à présent !

M. DUBREUIL.

Vous allez les entendre.

Mlle. LAVOYE.

Quoi, vous allez recommencer !

M. DUBREUIL.

Refuser de jouer !...

Mlle. DUMESNIL.

Pourquoi donc s'en deffendre

Mlle. LAVOYE.

Je vous conseillerois à vous de m'y forcer.

M. DUBREUIL à Mlle. DUMESNIL.

Hem ! la poulette n'est pas tendre.

Mlle. DUMESNIL à M. DUBREUIL.

Attendez, attendez, je m'en vais l'entreprendre ;

A iv

LA RIVALE SUIVANTE,

Nous allons bien-tôt voir beau jeu.
vivement.
Eh bien, Mademoiselle....

M. DUBREUIL.

Appaisez-vous un peu.

Mlle. DUMESNIL.

Vous ne jouez donc pas ?

Mlle. LAVOYE.

Non, non, Mademoiselle.

Mlle. DUMESNIL.

Eh, comment non ! Je voudrois bien le voir

M. DUBREUIL *ironiquement.*

Son refus est fondé sur un excès de zèle.

Mlle. DUMESNIL *à part.*

Quelle raison peut-elle avoir ?
Haut. Quel est enfin votre systême ?
La meilleure raison doit ceder au devoir,
Et manquer au Public, c'est manquer à soi-même.
Votre sang froid me pousse à bout ;
Monsieur Dubreuil passons-nous de Prologue.

Mlle. LAVOYE.

Sans doute !

M. DUBREUIL.

Et les Auteurs seront-ils de ce goût ?

Mlle. DUMESNIL.

Pour en remplir l'objet, je sçais un Apologue.

M. DUBREUIL.

Ils jureront.

Mlle. DUMESNIL.

Je me charge de tout.

COMÉDIE.
APOLOGUE.

» Trois jeunes gens voyoient d'un œil avide,
» Quelques nageurs forts, & nerveux,
» Traverſer en hyver un fleuve dangereux;
» Dans ce péril, dit l'un, c'eſt l'honneur qui les guide;
» Imitons-les, faiſons comme eux.
» Voici l'Eté; ce fleuve eſt moins rapide;
» Le tems nous invite à nager,
» Que chacun de nous moins timide,
» Enviſage l'honneur, plutôt que le danger.
» Tous trois en meme-tems jettons-nous à la nage;
» Veillons tous les trois ſur nos jours;
» Et mutuellement donnons-nous du ſecours.
» Tout nageur, comme nous, a fait l'apprentiſſage.
» Tâchons d'arriver à bon port:
» Le monde qui s'aſſemble, approuve cêt effort;
» Si, par hazard, le vent devient contraire,
» Il nous tendra la main pour gagner l'autre bord.
» Eh que ſçait-on ! le deſir de lui plaire,
» Semble promettre un heureux ſort.
» D'un pas lent & timide ils marchent, ils s'avancent;
» Ils ſondent en tremblant la profondeur des eaux;
» Leur cœur palpite, & tous les trois balancent;
» Mais tout-à-coup dans le fleuve ils s'élancent;
» Déja vous les voyez à la mercy des flots.

AU PARTERRE.

Meſſieurs votre bonté ranime leur courage;
Votre indulgence eſt ici de ſaiſon:
Se ſauveront-ils à la nage?
Ou bien feront-ils le plongeon?

Fin du Prologue.

ACTEURS.

DORIMON.

SOPHIE, fille de Dorimon.

FLORISE { Jeune Veuve déguisée en Soubrette auprès de Sophie, sous le nom de Lisette.

LEANDRE, ancien amant de Florise.

LA FLECHE, valet de Leandre.

La Scene est dans la maison de Dorimon.

LA RIVALE SUIVANTE, COMEDIE.

SCENE PREMIERE.

LA FLECHE, LEANDRE.

LA FLECHE *arrêtant son Maître, qui entre dans l'appartement de Sophie.*

RRETEZ donc, Monsieur, de grace écoutez-moi :

LEANDRE.

Qu'est-ce ?

LA FLECHE.

Epousez Sophie au plus vîte.

LEANDRE.

Pourquoi?

LA FLECHE.

Un accident fâcheux aujourd'hui vous menace ;
J'ai rencontré Frontin dont j'occupe la place,

Et dans le cabaret, malgré moi, le suivant,
Nous avons fait tous deux votre éloge en bûvant.

LEANDRE.
Eh bien !

LA FLECHE.

Il m'a parlé d'une certaine Veuve
Qui de votre inconstance a fait la triste épreuve !
» Tous les deux (m'a-t-il dit) surpris par des voleurs,
» Nous trouvâmes chez elle un port dans nos malheurs ;
» Mon Maître sçût lui plaire; & long-tems auprès d'Elle
» Il feignit de brûler d'une flamme fidelle ;
» Il devoit l'épouser ; mais tout-à-coup changé,
» Bien-tôt il la quitta sans demander congé.

LEANDRE.
C'est Florise.

LA FLECHE.

Elle a sçû qu'aux loix du mariage,
Malgré tous vos sermens, l'intérêt vous engage ;
Et pour y mettre obstacle, à Paris depuis peu,
Elle est venue.

LEANDRE.
O ciel !

LA FLECHE.
Ceci n'est point un jeu :
Frontin dit l'avoir vûe.

LEANDRE.
Il se trompe peut-être.

LA FLECHE.
Non, Monsieur, il vous aime, » avertis-en ton Maître,
(M'a-t-il dit) » & s'il veut n'être point traversé,
» Qu'il presse son hymen ». Cet avis est sensé,
C'est à ce point qu'il faut que votre esprit s'applique.

COMÉDIE.

LEANDRE.

Et Florife !

LA FLECHE.

Voici quelle eft ma Politique ;
Elle vient pour troubler cet hymen réfolu ;
Mais n'ofant fe montrer, quand il fera conclu,
Et fans vous fatiguer d'une plainte frivole,
Elle ira loin d'ici trouver qui la confole.

LEANDRE.

La Fleche, je la plains.

LA FLECHE.

Moi, je la plains auffi ;
Mais il faut l'oublier, ou perdre celle-ci :
Choififfez ; fans amour on fait mauvais menage ;
Vous ceffez d'aimer l'une, & l'autre vous engage,
N'examinez plus rien ; c'eft, Monfieur, croyez-moi,
Les fervir toutes deux que de manquer de foi.

LEANDRE.

Ne perdons plus de tems, allons trouver le Pere ;
Et concluons avant qu'on ait fçû ce myftere.

LA FLECHE.

Le Pere eft un bon-homme à qui vous avez plû :
Il lui tarde déja que l'hymen foit conclu.

LEANDRE.

Mais s'il avoit apris ...

LA FLECHE.

Rien ne le scandalise ;
Et lui-même riroit du malheur de Florise.
Allez, Monsieur, allez ; Lisette vient ici,
Sur votre sort bien-tôt je vais être éclairci.

La Fleche accompagne son Maître au fond du Théâtre.

SCENE II.

FLORISE, LA FLECHE.

Florise s'avançant sur le devant du Théâtre tenant le portrait de Leandre.

IL sort... à chaque instant je crains d'être apperçue :
De mon déguisement quelle sera l'issue ! ...
Traits charmans d'un ingrat que je voudrois haïr,
Me cachiez-vous un cœur capable de trahir.
Voici quelqu'un. *Elle cache le portrait.*

LA FLECHE.

Bon jour la perle des Soubrettes.

FLORISE.

Corrigez, s'il vous plaît, ces façons indiscrettes.

LA FLECHE.

Je ne suis indiscret, qu'autant que vous plaisez.

FLORISE.

Je ne sçaurois souffrir vos petits airs aisez.

COMÉDIE.
LA FLECHE.

Ah, quel minois charmant! cette bouche enfantine,
Ces beaux yeux, où l'Amour toujours rit & badine,
Cette fraîcheur.... Ma foi, vous me plaisez beaucoup.

FLORISE.

De grace, finissez, La Fleche encor un coup.

LA FLECHE.

Puisqu'il faut du respect dans notre conférence;
Je débute d'abord par une révérence.

FLORISE.

Epargnez-vous ce soin. *à part.* Quelle épreuve grands Dieux!

LA FLECHE.

Depuis fort peu de tems nous sommes en ces lieux.

FLORISE.

Et moi de même.

LA FLECHE.

Allons, aide-nous à connoître
Si Sophie est sensible à l'ardeur de mon Maître.

FLORISE *d'un ton sec.*

Je n'en sçais rien.

LA FLECHE.

Comment tu ne le sçaurois pas!
Tu badines; parbleu, tu nous en instruiras.

FLORISE.

Je ne badine point, je l'ignore moi-même ;
Et de le découvrir, mon envie est extrême.

LA FLECHE.

Voilà mon premier point assez mal éclairci ;
Passons donc au second. Connoîtroit-on ici,
Une Veuve d'Amiens que l'on nomme Florise !

FLORISE.

Florise, dites-vous !

LA FLECHE.

      Oui : D'où vient ta surprise ;
Parle de bonne-foi ; la connoît-on !

FLORISE.

          Beaucoup.

LA FLECHE à part.

De cette affaire-ci nous manquons notre coup.

FLORISE.

Nous l'avons vûe ici.

LA FLECHE à part.

      C'est un mauvais présage.

FLORISE.

Victime d'un penchant que trahit un volage,
Elle vient au Couvent d'établir son séjour,
Pour cacher sa disgrace, & pleurer son amour.

LA FLECHE.

Quel est donc cet Amant qui dédaigne sa flamme !
Vous l'a-t-elle nommé ! *à part.* Je tremble au fonds
  de l'ame.   FLORISE.

COMEDIE.

FLORISE.

Non.

LA FLECHE.

Quoi ! dans le récit de cette trahison,
Elle a pû, de l'ingrat vous déguiser le nom !
Cela me paroît fort, & j'ai peine à le croire ;
N'auroit-elle voulu que croquer son histoire !

FLORISE.

Apparemment.

LA FLECHE.

Tant mieux. Nous avions intérêt
Que de ce nom chez vous elle fit un secret.
à part. Morbleu j'en ai trop dit.

FLORISE.

Pourquoi donc ? Je vous prie.

LA FLECHE.

C'est ... *à part.* Employons ici toute notre industrie.
Haut. C'est par une raison qui... comme qui diroit....
Un éclaircissement que l'on ... éclairciroit...
Bref, cela m'eût privé de la douce espérance,
De pouvoir, entre nous, faire mieux connoissance.
Car, à l'aide du tems, pour ne pas t'abuser,
Ou de force, ou de gré, je prétends t'épouser.
Mon Maître avec Sophie auroit fait des merveilles,
Moi je serois réduit à bayer aux corneilles !
Ah ! vraiment, je ferois un fort joli métier.

FLORISE, *à part.*

A quoi suis-je exposée.

LA FLECHE.

Oh ! Je suis sans quartier.
Ta conquête à présent intéresse ma gloire ;
Que penseroient de moi ceux qui liroient l'Histoire ;
Voyant d'un Maître heureux, l'infortuné valet,
Qui vise une Soubrette, & manque son projet.
Non, non, de mon honneur mon ame est trop jalouse ;
Et quand je devrois être.... Il faut que je t'épouse.
Tu ne me réponds pas ! qui ne dit rien consent.
Je sçais à quoi je dois m'en tenir à présent.
Mais c'est trop m'arrêter. Adieu, je me retire ;
Mon Maître doit m'attendre, & je vais tout lui dire.

SCENE III.

FLORISE seule.

J'Excuse son erreur : Mais pourquoi la causer !
Pour ramener l'Ingrat, pourquoi me déguiser !
Je devois éclater en Amante offensée.
Mais, non, dans mon dessein je suis trop avancée ;
Je puis, de son Hymen, éloigner le moment ;
Je puis, sans me montrer, attendrir mon Amant.
Si Sophie à ses vœux pouvoit être contraire,
Peut-être... Mais, hélas ! il sçaura trop lui plaire.

SCENE IV.

SOPHIE, FLORISE.

SOPHIE.

LE Peintre a raporté mon portrait.

FLORISE.

Le voici.

SOPHIE.

Nous le verrons après : mon pere vient ici ;
Il faut le lui cacher, de peur qu'il ne devine,
Ou qu'il ne me demande à qui je le destine.

SCENE V.

DORIMON, SOPHIE, FLORISE.

DORIMON.

EH bien, vous avez vû votre futur époux :
Est-il à votre gré, parlez, qu'en dites-vous !

SOPHIE.

Tout ce que vous ferez, Monsieur, je le respecte.

DORIMON.

Chassez cette pudeur timide & circonspecte :

B ij

Je ne viens point ici vous prescrire une loi ;
Car vous vous mariez pour vous, & non pour moi.
Dans une fille enfin, je hais la politique,
Et sans tous ces détours, j'aime que l'on s'explique.
Mais, que dis-je ! c'est trop en exiger de vous :
A votre âge, on rougit au simple nom d'époux.
Je sçais que jusques-là toute fille est modeste ;
Mais lorsqu'elle se tait, les yeux parlent de reste.
Après tout, le silence, en cette occasion,
Est un tribut qu'on paye à l'éducation.
Eh bien, je vais vous mettre à votre aise ; & Lisette,
Comme vous, par respect, ne sera pas discrette.
 A Florise.
La, la, de bonne foi, ne l'aimerois-tu pas !
Quoi, tu rougis aussi !

FLORISE. *à part.*

    Cachons mon embarras.
Voudroit-il m'insulter ! sçauroit-il mon histoire !

DORIMON.

Mais, comment, ce mal gagne, à ce que je puis croire.
 A Florise.
Parle, n'est-il pas vrai qu'il te plairoit assez ;
Vous autres, par état, vous vous y connoissez ;
Votre décision est toujours la plus sûre,
Car vous ne sçavez point juger à l'avanture.

FLORISE.

En passant seulement, je l'ai vû dans ces lieux.

DORIMON.

Sans atacher sur lui des regards curieux !

Ma foi je n'en crois rien, je n'en suis pas la dupe;
La curiosité, comme nous, vous occupe :
Si-tôt que la beauté vient s'offrir sur nos pas,
D'un coup d'œil on observe, on parcourt ses appas
Le cœur vole après elle; en vain elle s'échappe,
Plus leger qu'elle encor, le trait part & nous frappe
Nous la suivons de loin avec avidité,
Et des yeux.... nous rendons hommage à la beauté.
Allons, ne songeons plus qu'à terminer l'affaire,
Moi-même, de ce pas, je vais chez le Notaire.

SCENE VI.

FLORISE, SOPHIE.

FLORISE, à part.

O Ciel! qu'ai-je entendu, *à Sophie.* Quoi, vous y consentez!

SOPHIE.

Mais ce seroit très-mal répondre à ses bontés;
Si j'allois m'opposer à l'Hymen qu'il projette;
A ma place, en un mot, le feriez-vous, Lisette!
Irai-je sans raison, oubliant mon devoir,
Exciter dans mon Pere un juste désespoir!
Et Leandre, d'ailleurs, est un jeune homme aimable.

FLORISE, à part.

Je ne le sçais que trop. Un tel aveu m'accable.
Haut. Madame, l'aime donc?

SOPHIE.

J'en fais beaucoup de cas;
Mais pour l'aimer encor....

FLORISE, *vivement.*

Quoi vous ne l'aimez pas !
À part. Je fais trop éclater une joye indiscrette;
Mon cœur va me trahir.

SOPHIE.

Que dites-vous, Lisette !

FLORISE.

Qu'à cet Amant bien-tôt vous vous attacherez;
Mais differez, Madame, autant que vous pourrez.

SOPHIE.

Eh ! pourquoi, s'il vous plaît, faut-il que je differe
De recevoir les vœux d'un Amant qui sçait plaire !

FLORISE.

Madame, pardonnez, je ne crains que pour vous;
Que Leandre abusant du nom de votre époux,
Sans connoître le prix d'une chaîne si belle,
Au comble du bonheur, ne devienne infidelle.

SOPHIE.

Pourquoi donc soupçonner ainsi ses sentimens ?
Est-il fait pour grossir la foule des Amans

Perfides par humeur, ingrats par habitude;
Et pour qui la constance est une servitude?
Que du matin au soir on ne voit s'occuper,
Que du soin de nous plaire, afin de nous tromper.

FLORISE.

Si vous le défendez, je n'ai plus rien à dire;
Je vous rendrois suspect le zèle qui m'inspire;
C'étoit votre intérêt qui me faisoit parler,
Et je ne connois point l'art de dissimuler.

SOPHIE.

Vous vous fâchez, Lisette! Ah, que vous êtes prompte!
De ce zèle empressé, je dois vous tenir compte,
Je ne le blâme point. Mais qu'est-ce donc enfin,
Qui le rend à vos yeux indigne de ma main?
D'où vient qu'à son bonheur vous paroissez contraire?
Il est bien malheureux de n'avoir sçu vous plaire.

FLORISE.

Epargnez-moi, Madame,

SOPHIE.

Oui, vous le haïssez.

FLORISE, *tendrement.*

Moi, le haïr!

SOPHIE.

Vos soins me le disent assez.

B iiij

FLORISE.

Je sçais un trait de lui qui fait naître la crainte,
Dont vous voyez, pour vous, que mon ame est atteinte;
Leandre, m'a-t-on dit, ... je l'apperçois de loin;
Et je dois là-dessus, vous parler sans témoin.

A part s'en allant.

Le perfide s'avance, il faut que je l'évite.

SOPHIE, *en l'arrêtant.*

Attendez un moment, où courez-vous si vîte ?

FLORISE.

Je vous laisse avec lui.

SOPHIE.

Donnez-moi mon portrait.

FLORISE, *avec précipitation.*

Madame, le voilà.

SCENE VII.

SOPHIE, *seule.*

Que j'aurai du regret,
S'il faut me deffier des soupirs de Leandre.
A quelque trahison ai-je lieu de m'attendre ?
Voudroit-il me tromper ?

SCENE VIII.

LEANDRE, SOPHIE.

LEANDRE.

Je vais donc être heureux,
Madame, & dès ce soir, vous couronnez mes feux;
Votre Pere y consent, & je viens vous l'apprendre.
Mais d'où naît cet air sombre, & que dois-je en attendre !
Vous me semblez rêveuse, & vous ne dites-rien.

SOPHIE.

Leandre, vous sçavez qu'un éternel lien,
Avant de le former, veut qu'on y refléchisse.

LEANDRE.

Quoi ! tantôt à mes vœux vous paroissiez propice :
Quel changement subit renverse mon espoir !
Votre Pere le veut, mais d'un cruel devoir
Je dois vous affranchir ; & je vois bien, Madame,
Qu'un nœud pour moi si doux épouvante votre ame;
Oui, d'un Pere absolu les ordres respectés,
Vous donnoient pour mes feux des égards affectés.

SOPHIE.

De vos plaintes, Monsieur, j'ai lieu d'être étonnée :
Prête à m'unir à vous par un promp Hymenée,

Je demande du tems, vous vous en offenfés ;
Faut-il vous époufer dès que vous paroiffés ?

LEANDRE.

De mes feux rien ne peut calmer la violence.

SOPHIE.

J'entrevois le motif de votre impatience :
D'un Amant, je le fçais, le rôle est trop génant ;
Un caractere uni, docile, prévenant,
A foutenir long-tems, eft mal aifé fans doute ;
Et ce font ces efforts que votre ame redoute :
Un Amant aujourd'hui, jaloux, quoique leger,
Sans perdre fa conquête, aime à pouvoir changer ;
Lors même qu'il trahit, il craint qu'on le trahiffe ;
Il vous faut un lien qui nous affujetiffe,
Et qui vous donne enfin fur notre liberté,
Le droit d'être inconftans avec impunité.

LEANDRE.

Ces foupçons, pour tous deux, font de cruels outrages ;
Non, ce n'eft point à vous à craindre des volages ;
Et de notre union je connois trop le prix,
Pour que de mon bonheur je ceffe d'être épris.

SOPHIE.

C'eft des Amans du jour le langage ordinaire ;
Le plus fourbe s'en fert, comme le plus fincére.
Le tems raffurera mon efprit prévenu,
Et vous perdez fans doute à n'être pas connu.

COMÉDIE.

LEANDRE.

Vous me défespérez, & ce délai m'accable.

SOPHIE.

Pourquoi tant s'allarmer ?

LEANDRE.

Soyez donc plus traitable ;
Et ne vous faites point un barbare plaifir,
De me voir à vos pieds foupirer & languir.

SOPHIE *à part.*

Hélas ! il m'attendrit, il me paroît fincere :
Qu'on en croit aifément un Amant qui fçait plaire !
Haut. Raffurez-vous : bien-tôt ce délai finira,
Et de mes fentimens ceci vous inftruira.
*Elle lui donne le portrait que Florife lui a remis, & elle
fe retire.*

___

SCENE IX.

LEANDRE, *feul.*

SON portrait.... Quel préfent de la main d'une
Amante !
L'excès de mon bonheur furpaffe mon attente :
Digne prix de fes feux, gage de fon retour,
En m'offrant fes attraits, redouble mon amour.
Après avoir ouvert la boëte du portrait.

Mais, quoi : c'est mon portrait ! le même que Florise
Avoit reçu de moi ! l'une & l'autre méprise
Le gage d'un amour que j'ai défavoué :
Puis-je, sans défespoir, me voir ainsi joué !
Sophie, en me rendant ce témoin de mon crime,
M'apprend que je ne puis prétendre à son estime.
Oui, ce préfent fatal ne m'en a que trop dit :
Elle eut crû s'abaisser en montrant du dépit;
Et le plus dûr congé m'auroit fait moins de peine,
Que ce détour cruel qui m'annonce fa haine.
Pour calmer son esprit justement irrité,
Dois-je la voir encor, & ferai-je écouté ?

SCENE X.

LA FLECHE, LEANDRE.

LA FLECHE.

Monsieur, bonne nouvelle.

LEANDRE.

Avanture funeste.

LA FLECHE.

Vos affaires vont bien.

LEANDRE.

Nul espoir ne me reste.

COMÉDIE.

LA FLÉCHE.
On ne sçait rien encor.

LEANDRE.
Nous sommes découverts.

LA FLECHE.
Et Sophie est à vous.

LEANDRE.
Pour toujours je la perds!

LA FLECHE.
Qu'avez-vous donc appris!

LEANDRE.
Florise ici connue,
A vûe Sophie.

LA FLECHE.
Eh oui, je sçais qu'elle l'a vûe.

LEANDRE.
Elle a tout raconté.

LA FLECHE.
Je sçais encor cela.

LEANDRE.
Et je suis renvoyé.

LA FLECHE, *avec surprise.*
Que me dites-vous-là ?

Sans jamais vous nommer, cette Amante discrette
A conté son Roman ; je le tiens de Lisette.

LEANDRE.

Eh ! de mon nom ici loin de faire un secret,
Dans les mains de Sophie elle a mis mon portrait ;
Sophie en est outrée, & vient de me le rendre.

LA FLECHE.

A tout ceci, Monsieur, je ne puis rien comprendre;
Si Lisette a dit vrai, Florise, en arrivant,
S'est allée enfermer au Couvent.

LEANDRE, *avec sentiment.*

Au Couvent !

LA FLECHE.

Et faisant un effort sur son ame jalouse,
Vous laisse à votre gré choisir une autre épouse :
Que voulez-vous de mieux ?

LEANDRE.

Sophie a tout appris,
Et n'aura deformais pour moi que du mépris.

LA FLECHE.

J'admire, sur ma foi, comme un rien vous étonne
Une infidélité sans peine se pardonne,
Rassurez-vous.

COMÉDIE.
LEANDRE.
La mienne est horrible à mes yeux;
Et depuis qu'on la sçait, je me trouve odieux :
Oui, je voudrois pouvoir la réparer encore ;
Un remord importun en secret me dévore ;
Penses-tu que Florise.... Oubliant le passé....

LA FLECHE.

Quittez, Monsieur, quittez ce projet insensé.
De bonne-foi, malgré ce retour sur vous-même,
Pouvez-vous vous flatter que Florise vous aime :
Quand même elle voudroit vous prendre pour époux,
Son tour viendroit alors de se vanger de vous ;
La chaîne de l'Hymen n'aura rien qui l'arrête,
Et d'étranges revers ménacent votre tête.

LEANDRE.

Je connois sa sagesse, & suis sûr de son cœur.

LA FLECHE.

On se croit tout permis pour punir un trompeur :
Dans ce siécle, en formant ce lien redoutable,
L'innocent doit trembler, que fera le coupable !
Sophie est la derniere, & l'Amour, selon moi,
Est comme un testament, le dernier fait la loi.
D'ailleurs, voyez un peu quel état est le vôtre :
Il faut pour une faute en réparer une autre,
Vous êtes inconstant d'un & d'autre côté ;
Or, infidélité pour infidélité,
C'est à Florise enfin, qu'il faut être infidelle ;
Tous les frais en sont faits, c'est une bagatelle.

LEANDRE.

Mais je laisse Florise en proye à sa douleur.

LA FLECHE.

Sophie a-t-elle mieux mérité ce malheur !

LEANDRE.

Ma perte pour Florise est plus sensible encore;
Elle m'aime.

LA FLECHE.

Eh ! Monsieur, celle-ci vous adore;
Cette Florise enfin, je ne la connois pas,
Mais je crois que Sophie a cent fois plus d'appas,
Quelques soient les attraits dont sa Rivale brille,
C'est toujours une veuve, & l'autre est une fille.

LEANDRE.

Je flotte dans le doute & dans l'obscurité;
Il faut rendre le calme à mon cœur agîté,
M'assurer, de Sophie, ou l'amour, ou la haine;
Et briser pour toujours, ou resserer ma chaine.

LA FLECHE.

C'est bien pensé, Monsieur, fixez-vous à ce point;
On vous écoutera, ne vous rebutez point.

SCENE XI.

SCENE XI.

LA FLECHE *seul*.

QUE d'incidens ! il faut que tout ceci finisse !
Je ne le comprends plus : maudit soit son ca-
price.
Il ne peut cependant les avoir toutes deux ;
Mais sur laquelle enfin s'arrêteront ses vœux ?
Il voudroit bien pouvoir prendre plus d'une femme;
Non pas pour son repos, mais par droiture d'ame.
S'il change, adieu Lisette : Oh ce ne sera pas.
Dans ces lieux à propos elle porte ses pas.

SCENE XII.

FLORISE, LA FLECHE.

FLORISE.

LEANDRE est affligé, dit-on ?

LA FLECHE.

La bonne piéce !
Tu le sçais mieux que moi.

FLORISE.

Non, je l'ignore ; qu'est-ce ?

C

LA FLECHE.

Mon Maître est cet amant dont Florise a parlé;
Ta Maîtresse le sçait.

FLORISE.

Qui l'auroit révélé?

LA FLECHE.

Un malheureux portrait qu'elle vient de lui rendre.

FLORISE.

C'est celui de Sophie.

LA FLECHE.

Ou celui de Leandre.

FLORISE *regardant dans sa poche.*

à part. Ciel ! j'ai pris l'un pour l'autre.

LA FLECHE *sans l'écouter.*

Oh ne t'allarme point,
On y remedira. Mais voici le grand point;
A peine a-t-il appris que Florise éplorée,
S'étoit en sa faveur au Couvent retirée,
Qu'au seul nom de Couvent (qui l'auroit pû prévoir)
D'une tendre pitié je l'ai vû s'émouvoir.

FLORISE.

Est-il vrai ?

LA FLECHE.

Dans ses yeux la tristesse s'est peinte;
Et d'un secret remord j'ai vû son ame atteinte.

COMÉDIE.

FLORISE à part avec joie.

O ciel, se pourroit-il !

LA FLECHE.

      J'ai soutenu tout net
Qu'il devoit étouffer ce frivole regret.
J'ai blâmé son retour, condamné sa tendresse,
J'ai tant fait qu'il s'en tient à ta jeune maîtresse.
Que dis-tu de ce coup ? N'est-il pas bien adroit ?

FLORISE, d'un ton piqué.

Tout-à-fait ! beaux conseils !

LA FLECHE.

      J'aime qu'on marche droit ;
A quel propos enfin quitteroit-il Sophie ?
Il condamne ses feux ; moi, je les justifie.

FLORISE.

Comment justifier sa noire trahison ?

LA FLECHE.

Si je le fais, je t'aime, en voilà la raison.
Oui, c'est en ta faveur que je retiens mon Maître,
Et j'espere qu'un jour tu sçauras reconnoître
La peine que je prends pour m'assurer ton cœur.

FLORISE.

Perfide, c'est donc toi qui flattes son erreur ;
Et Leandre sans toi seroit donc honnête homme.

LA FLECHE.

Je ne sçais où j'en suis ; & ce coup-là m'assomme.

FLORISE.

Tandis que dans son cœur, l'amour, la probité
Condamnent à l'envi son infidélité,
Toi seul par tes conseils entretiens son yvresse ;

LA FLECHE.

Mais de grace dis-moi, sers-tu mieux ta maîtresse ?
Voyons qui de nous deux remplit mieux son devoir.
Mon Maître aime Sophie, il l'épouse ce soir ;
Là-dessus, il lui vient un remord ridicule,
De ne pas l'étouffer, je me ferois scrupule.
Pour surcroit de raisons, je te perds, s'il le suit.
Mais quel est ton dessein, en faisant tant de bruit,
En voulant que mon Maître abandonne Sophie.

FLORISE.

Dans mon cœur l'honneur parle.

LA FLECHE.

     Et chez moi l'amour crie,
Ta Maîtresse devroit reconnoitre tes soins.

FLORISE.

Elle pense trop bien pour les blamer du moins ;
J'appréhende si peu qu'elle y trouve à redire,
Que je vais de ce pas moi-même l'en instruire.

LA FLECHE *la retenant*.

Quoi tu veux donc aussi te liguer contre nous ?
Ta Maîtresse déja n'est que trop en courroux ;

COMÉDIE.

Va, sois moins scrupuleuse, & prends notre deffense,
Je me charge du soin de la reconnoissance.

FLORISE.

L'impudent !

LA FLECHE.

Tu m'as l'air de servir un rival.
Ç'a, que t'a-t-il promis ! mon Maître est liberal.
Et nous encherirons ; parle.

FLORISE, à part.

A quoi suis-je en butte !
De toutes les façons le sort me persécute.

LA FLECHE.

Tu ne dis rien, morbleu, tire nous de ce pas.

FLORISE, s'en allant.

Je n'y puis plus tenir.

SCENE XIII.

LA FLECHE seul.

ELLE n'écoute pas.
J'ai dans divers pays vû plus d'une Soubrette,
Mais il n'en fût jamais de l'humeur de Lisette,

Je leur trouvai partout un esprit obligeant,
Et leur zèle du moins cede au poids de l'argent ;
Mais celle-ci, ma foi, tranche de l'héroïque :
Oui, de grands sentimens, je crois qu'elle se pique,
Elle veut du respect, parle de probité,
C'est un monstre à ses yeux qu'une infidélité !
Elle n'ira pas loin.

SCENE XIV.

DORIMON, LEANDRE, LA FLECHE.

DORIMON *en entrant, à Leandre.*

IL faut que je vous gronde ;
A votre âge ignorer les usages du monde.

LEANDRE.

Mon arrêt est trop juste, & loin d'en murmurer,
Je reconnois ma faute, il faut la réparer.

DORIMON.

Faut-il tant s'allarmer pour une bagatelle ;
Une infidélité ! Qui n'est pas infidelle !
Laissez, laissez-moi faire, & je vais de ce pas,
A ma fille...

LEANDRE.

Ah ! Monsieur, ne la contraignez pas.

DORIMON.

Je n'en ai pas besoin, vous avez sçû lui plaire,
C'est tout ce qu'il nous faut. Allez, laissez-moi faire.

LEANDRE.

Mais, puis-je, sans rougir....

DORIMON.

     Vous faites l'écolier.
Fiez-vous-en à moi ; je suis un vieux routier,
De l'amour dès long-tems j'ai fait l'apprentissage,
Et je crois, mieux qu'un autre, en connoître l'usage.
Des infidélités ! j'en ai fait plus de cent ;
Et je suis convaincu qu'on m'en rendoit autant.

LA FLECHE.

Aujourd'hui, sans scrupule on trompe une Maitresse,
On regarde cela comme une gentillesse.

LEANDRE.

Mais l'honneur....

DORIMON.

    Les Romans vous ont gâté l'esprit ;
Il faut vivre, mon cher, comme au siécle où l'on vit ;
Le Sexe, là-dessus, nous donne carte blanche
Et lui manquer de foi, c'est prendre sa revanche.

LA FLECHE, *à part.*

L'honnête homme.

C iiij

LA RIVALE SUIVANTE,

DORIMON.

Ma fille, à propos vient ici,
Et je vais dans l'instant vous tirer de souci.

SCENE XV.

DORIMON, SOPHIE, LEANDRE, LA FLECHE.

DORIMON à Sophie.

Leandre vous plaît-il!

SOPHIE.

Je connois son mérite.

DORIMON.

Pourquoi donc, s'il vous plaît, chicaner sa conduite!
Un rien vous étourdit, on change avec le tems;
Il ne tient qu'à vous deux de vous rendre contens;
Il faut tout oublier.

SOPHIE *étonnée.*

Dequoi peut-il se plaindre?
Mon Pere, expliquez-vous.

LEANDRE *picqué.*

Cessez de vous contraindre,
Madame....

COMÉDIE.

SOPHIE.

Qu'est-ce donc, Monsieur !

DORRIMON, *en se retirant.*

Accordez-vous ;
J'entends que dès ce soir vous l'ayez pour époux.

SCENE XVI.

LEANDRE, SOPHIE, LA FLECHE.

LEANDRE.

JE n'abuserai point d'un ordre qui vous gêne ;
Et je n'ai sçû que trop mériter votre haine.

SOPHIE.

Ma haine ! mais, Monsieur, daignez-vous expliquer ;
Que vous ai-je donc fait qui doive vous piquer !
De votre procédé j'ai lieu d'être étonnée.

LEANDRE, *d'un air picqué.*

Eh ! Madame.....

SOPHIE.

Dequoi puis-je être soupçonnée ?
Ne puis-je donc sçavoir ce que l'on vous a fait !
Depuis que de ma main vous tenez mon portrait,

Je vous trouve changé ; vous n'êtes plus le même.

LEANDRE, *vivement.*

Qui, moi ! votre portrait ! mon dépit est extrême.

SOPHIE.

Oui, Monsieur, mon portrait. Vous faites l'étonné,
Avez-vous oublié que je vous l'ai donné !

LEANDRE *faisant voir le portrait qu'il a reçu.*

Voilà votre présent, regardez, je vous prie.

SOPHIE,
Après avoir vû le portrait, lui dit d'un air riant.

Leandre, on ne peut mieux jouer la Comédie :
Je vous croyois piqué, je vois votre dessein ;
Il faut en convenir, le tour est assez fin.

LEANDRE, *en colere.*

Eh, pourquoi m'accabler par cette raillerie !

SOPHIE, *d'un air gracieux.*

Pour me faire agréer cette galanterie,
Vous n'aviez pas besoin d'employer ce détour,
Un Hymen arrêté la permet à l'Amour.

LA FLECHE, *à part.*

A tout ceci bien fin qui pourra rien comprendre.

SOPHIE.

Vous êtes tout au mieux : on ne peut s'y méprendre.

Oui, c'est votre portrait. Le mien n'est pas si bien,
Dites-m'en votre avis.

LA FLECHE, *à part*.

Aih, aih.

LEANDRE.

Je n'en sçais rien,
Car je ne l'ai point vû, Madame, je vous jure.

SOPHIE.

Quoi, vous l'avez perdu !

LEANDRE.

Vous me faites injure ;
Je n'ai de votre main reçu que celui-ci ;
Mais sur cet incident, on peut être éclairci,
De qui le tenez-vous !

SOPHIE.

De la main de Lisette.

LEANDRE.

C'en est assez ; je sçais que c'est une indiscrette
Qui ne néglige rien pour traverser mes feux.

LA FLECHE *à* LEANDRE.

Ménagez-là, Monsieur.

LEANDRE.

Oui, plus je suis heureux,

Et plus à mes desirs on dit qu'elle est contraire.

SOPHIE.

Elle m'avoit paru d'un très-bon caractere ;
Cela m'étonne.

LEANDRE.

Il faut que quelque esprit jaloux
Pour rompre notre hymen, l'employe auprès de vous.

SOPHIE.

L'on a beau, contre vous, faire agir l'artifice ;
Je connois votre cœur, & je vous rends justice.
Oui, je consens ce soir à couronner vos feux.

LEANDRE.

Ah, Madame ! je suis au comble de mes vœux,
Et le prix que j'obtiens pour un amour si tendre,
Me flatte d'autant que j'osois moins l'attendre :
Je vais tout préparer pour cet heureux moment
Où sous le nom d'Epoux, je serai votre Amant.

SCENE XVII.

SOPHIE *seule.*

DE Lisette, en effet, je suis très mecontente;
Et Leandre a raison ; notre hymen l'épouvante.
Mais ce portrait enfin où l'aura-elle pris ?
Au lieu du mien, pourquoi me l'a-t-elle remis ?
Elle vient....

SCENE XVIII.

SOPHIE, FLORISE.

SOPHIE.

CONTRE vous je suis fort en colere.

FLORISE.

Sans le vouloir, je sçais que j'ai pû vous déplaire ;
Ma méprise, sans doute, a dû vous étonner,
Et je viens vous prier de me la pardonner.

SOPHIE.

Mais, de qui tenez-vous le portrait de Leandre ?
Et d'où naissent les pleurs que je vous vois répandre ?

Que dois-je en augurer ? Lisette, expliquez-vous.

FLORISE.

Madame, vous l'aimez, il sera votre époux ;
Laissez-moi mon secret.

SOPHIE.

     Non, je veux m'en instruire.
Parlez.

FLORISE.

   Un tel aveu ne pourroit que vous nuire,
Votre amour est au point de triompher de tout.

SOPHIE.

Lisette vous poussez ma patience à bout.

FLORISE.

Quand vous aurez appris que Leandre est coupable,
A vos yeux prévenus, sera-t-il moins aimable ?

SOPHIE.

Lui coupable ! Et dequoi ? Ce debut m'interdit.

FLORISE.

Madame ç'en est fait, je vous en ai trop dit ;
Je vois qu'il n'est plus tems de vous faire un mistere,
D'un malheur qu'à regret jusqu'ici j'ai sçû taire :
Tandis qu'à vos genoux l'ingrat vient soupirer,
Et qu'à vous posséder, son cœur ose aspirer,

Il met au désespoir une Amante éplorée,
Qui, sur de vains sermens se croyoit assurée;
Reçu dans sa maison, comblé de ses bienfaits,
Il parut quelque tems sensible à ses attraits;
Il sçut lui plaire : hélas ! vous éprouvez vous-même,
Qu'on peut être aisément trompé par ce qu'on aime :
Mais sa légéreté loin d'elle l'entraîna,
Et parjure à sa foi, l'ingrat l'abandonna.

SOPHIE.

Vous me faites trembler, mais cela peut-il être?

FLORISE.

Je ne puis en douter.

SOPHIE.

Quoi Leandre est un traître?
D'un bruit injurieux, votre esprit prévenu,
Peut-être sans raison...

FLORISE.

Ce fait m'est trop connu,
Son portrait que je tiens des mains de cette Amante,
De l'amour qu'il trahit, est la preuve évidente.

SOPHIE.

Cette Amante pour qui vous vous interessez
Quelle est-elle?

FLORISE.

Mes pleurs vous le disent assez.

SOPHIE.

Quoi!...

FLORISE.

Dans votre suivante, en trouvant votre égale
Vous y voyez aussi, Madame, une rivale.

SOPHIE.

Une rivale en vous ?

FLORISE.

Voyez mon désespoir.
J'ai quitté mon état, j'ai trahi mon devoir,
Pour traverser l'hymen que vous allez conclure;
Et pouvoir à vos yeux confondre ce parjure.

SOPHIE.

Pour venger votre amour, & me désabuser,
Madame, falloit-il ainsi vous déguiser ?
Pardonnez mon erreur, vous m'en voyez confuse.

FLORISE.

Vos égards ont assez prévenu cette excuse;
Dans l'état où j'étois vous daigniez m'estimer,
J'espere qu'aujourd'hui vous voudrez bien m'aimer.
Si Leandre vous plaît, si sa flamme est sincere,
A vos tendres desirs bien loin d'être contraire,
Je fais des vœux au Ciel en faveur de vos nœuds;
Malheureuse, je crains de voir des malheureux.

SOPHIE.

Que de sa trahison je devienne complice !
Vous m'apprenez, Madame, à faire un sacrifice !
Leandre, je l'avoue, à mon cœur innocent
Inspiroit de l'amour; mais c'est un feu naissant;

Mon

COMÉDIE.

Mon estime pour vous en sera le remede ;
Je fais plus, près de lui je vous offre mon aide ;
Heureuse, qu'à son cœur inspirant la pitié,
Je courone l'amour des mains de l'amitié.
Allons, Madame, allons confondre ce perfide.

FLORISE.

Non, moderez encor le zéle qui vous guide ;
A la honte, aux remords je devrois son retour ;
Et je veux, s'il se peut, le devoir à l'amour
En ma faveur déja son ame s'est émue,
Je veux le préparer à soutenir ma vûe.

SCENE XIX.

LA FLECHE, SOPHIE, FLORISE.

LA FLECHE.

MOn Maître va bientôt se rendre auprès de vous;
Il ne tardera point.

SOPHIE.

     La Fleche laissez-nous.

LA FLECHE

Son respect, son amour...

D

SOPHIE.

Tous vos propos m'ennuient.

LA FLECHE à part.

Qu'eſt ceci ? Pour le coup, elles me petrifient.
à Sophie. Madame un jour de nôce avoir cet air chagrin !
à part. On diroit à les voir, que c'eſt un lendemain.
On ne peut y tenir ; je vais quitter la place :
Le deſtin de Leandre a bien changé de face :
Le tems preſſe, & je cours l'avertir au plutôt
Qu'il perd en un moment, & l'Epoux & la dot.

SOPHIE.

Attendez un moment dans la ſale voiſine.

LA FLECHE *s'en allant.*

Oui da.

SCENE XX.

SOPHIE, FLORISE.

SOPHIE.

Votre malheur m'allarme & me chagrine ;
Ecrivez une lettre à ce perfide amant ;
La Fleche la rendra.

FLORISE.

Dans quel gout, & comment

COMÉDIE.

Je ne crois point avoir la force de l'écrire.

SOPHIE.

Pour ne pas vous gêner, d'ici je me retire.

SCENE XXI.

FLORISE seule, *écrivant une Lettre.*

MA Rivale est sensible à mes vives douleurs,
Et l'Ingrat seul n'est point touché de mes malheurs.

Elle s'arrête un peu.

En reproches amers, envain je me consume,
Je sens que ma colere expire sous ma plume.
Le dépit, la tendresse, agissent tour à tour,
Et je ne puis tracer que mon funeste amour.
Venez la Fleche, *après avoir écrit la Lettre.*

SCENE XXII.

FLORISE, LA FLECHE.

LA FLECHE.

EH bien, qu'a-t-on contre Leandre.

FLORISE.

Rendez lui cette Lettre.

LA FLECHE.

Oui... dois-je la lui rendre !

Je m'en deffie un peu : seroit-ce son congé ?
Car contre nous ici tout me paroît changé.

FLORISE.

Faites ce qu'on vous dit ; vous n'avez rien à craindre,
De ce qu'elle contient, il n'a pas à se plaindre.

SCENE XXIII.

LA FLECHE *seul*.

ELLE m'a dit cela d'un ton persuasif,
Je ne lui trouve plus l'air si rebarbatif.
Quoiqu'il en soit, allons porter cette Lettre.
Bon : mon Maître paroît, je vais la lui remettre.

SCENE XXIV & *derniere*.

LEANDRE, LA FLECHE,
Sur le devant du Théâtre.

FLORISE, SOPHIE, *au fonds du Théâtre, sans être apperçues.*

LA FLECHE.

VOICI pour vous, Monsieur ;

LEANDRE.

De quelle part !

COMÉDIE.
LA FLECHE.

Lifez.

LEANDRE, *voyant le deffus de la Lettre avec furprife.*

De Florife !

LA FLECHE.

Florife ! oh, vous vous abufez ;
Lifette dans l'inftant, ici me la remife.

LEANDRE.

Je reconnois la main de l'aimable Florife ;
Elle va m'accabler de reproches amers,
Et je l'ouvre en tremblant.

LA FLECHE, *à part.*

Je crois que les enfers
Se liguent contre nous.

LEANDRE, *après avoir jetté les yeux fur la Lettre.*

Eh quoi ! malgré mon crime,
Sa colere fe tait, & fon amour s'exprime.

LA FLECHE, *à part.*

J'ai fait une fotife, à préfent je le vois.

LA RIVALE SUIVANTE,

LEANDRE, *lisant quelques phrases détachées de la Lettre.*

„ *Vous m'abandonnez donc à mon désespoir ;*
Non, non, rassurez-vous; vous rentrez dans vos droits;
La probité me parle, & je n'écoute qu'elle.

LA FLECHE, *à part.*

Morbleu, par inconstance, il redevient fidelle.

LEANDRE.

Je me rends à moi-même, en lui rendant mon cœur ;
Devois-je si long-tems écouter mon erreur ?

FLORISE *a* SOPHIE, *au fonds du Théâtre.*

L'espérance renaît dans mon ame craintive.

SOPHIE, *a* FLORISE.

Moderez-vous encor.

LEANDRE *lit encore.*

„ *Rendez-moi votre cœur si vous voulez que je vive*;
Si je veux qu'elle vive.
Ah, Florise ! vivez, vivez, pour un Amant,
Dont les cruels remords vous vangent pleinement.

LA FLECHE, *à part.*

Ma flamme, pour Lisette, est bien avanturée.

LEANDRE.

De regret & d'amour, mon ame pénétrée ;

COMÉDIE.

Va lire dans ses yeux mes crimes expiés ;
Allons la voir, allons nous jetter à ses pieds.

SOPHIE, *préfentant FLORISE A LEANDRE.*

Eh bien, jettez-vous-y.

LEANDRE, *se jettant aux genoux de FLORISE.*

Ciel, que vois-je ! ah, Madame !
Mes crimes ne m'ont point effacé de votre ame ;
Pénétré de douleur, j'embrasse vos genoux ;
Et je n'ose élever mes regards jusqu'à vous ;
Dans le fonds de mon cœur lisez ce qui se passe,
Vous n'hésiterez pas à m'accorder ma grace.
Parlez, suis-je à vos yeux absous, ou condamné.

FLORISE, *tendrement.*

Leandre, levez-vous, tout vous est pardonné.

LEANDRE.

Mon bonheur est trop grand.

FLORISE.

Punir l'objet qu'on aime,
Ce n'est point se vanger, c'est se punir soi-même.

LEANDRE, *A SOPHIE.*

Madame, en sa faveur, voudrez-vous oublier....

SOPHIE.

Epargnez-vous le soin de vous justifier,

56 LA RIVALE SUIVANTE COMÉDIE.

Vivez heureux Epoux, c'est mon unique envie :
Si je perds un Amant, je m'attache une amie.
L'homme est dans mille erreurs sujet à s'égarer,
L'honnête homme en rougit, & sçait tout réparer.

FIN.

APPROBATION.

J'AY lû par Ordre de Monseigneur le Chancelier, une Comédie qui a pour titre, *la Rivale Suivante*, avec un Prologue; & je crois que l'on peut en permettre l'impression, ce 14 Août 1747.

CREBILLON.

PRIVILÉGE DU ROI.

LOUIS, par la grace de Dieu, Roi de France & de Navarre : A nos amés & féaux Conseillers, les Gens tenans nos Cours de Parlement, Maîtres des Requêtes ordinaires de notre Hôtel, Grand Conseil, Prevôt de Paris, Baillifs, Sénéchaux, leurs Lieutenans Civils, & autres nos Justiciers qu'il appartiendra, SALUT. Notre bien-amé LAURENT-FRANÇOIS PRAULT fils, Libraire à Paris, Nous ayant fait remontrer qu'il lui avoit été mis en main un Ouvrage qui a pour titre, *Nouveau Théâtre François, ou Recüeil des plus nouvelles Piéces, repréſentées à Paris;* qu'il ſouhaiteroit faire imprimer & donner au Public, s'il Nous plaiſoit lui accorder nos Lettres de Privilége ſur ce néceſſaires; offrant pour cet effet de le faire imprimer en bon papier & beaux caractéres, ſuivant la feüille imprimée & attachée pour modéle ſous le contre-ſcel des Préſentes. A CES CAUSES, voulant traiter favorablement ledit Expoſant, Nous lui avons permis & permettons par ces Préſentes, de faire imprimer ledit Ouvrage ci-deſſus ſpécifié, en un ou pluſieurs volumes, conjointement ou ſéparément, & autant de fois que bon lui ſemblera, & de le vendre, faire vendre, & débiter par tout notre Royaume, pendant le temps de *neuf* années conſécutives, à compter du jour de la datte deſdites Préſentes: Faiſons défenſes à toutes ſortes de perſonnes de quelque qualité & condition qu'elles ſoient, d'en introduire d'impreſſion étrangere dans aucun lieu de notre obéïſſance; comme auſſi à tous Libraires, Imprimeurs & autres, d'imprimer, faire imprimer, vendre, faire vendre, débiter, ni contrefaire ledit Ouvrage ci-deſſus expoſé, en tout ni en partie, ni d'en faire aucuns Extraits ſous quelque prétexte que ce ſoit, d'augmentation, correction, changement de titre ou autrement, ſans la permiſſion expreſſe & par écrit dudit Expoſant, ou de ceux qui auront droit de lui, à peine de confiſcation des Exemplaires contrefaits, de trois mille livres d'amende contre chacun des contrevenans, dont un tiers à Nous, un tiers à l'Hôtel-Dieu de Paris, l'autre tiers audit Expoſant, & de tous dépens, dommages & intérêts; à la charge que ces Préſentes ſeront enregiſtrées tout au long ſur le Regiſtre de la Communauté des Libraires &

Imprimeurs de Paris, dans trois mois de la datte d'icelles. Que l'impreſſion de cet Ouvrage ſera faite dans notre Royaume & non ailleurs; & que l'Impétrant ſe conformera en tout aux Reglemens de la Librairie, & notamment à celui du 10. Avril 1725. Et qu'avant que de l'expoſer en vente, le Manuſcrit ou Imprimé qui aura ſervi de copie à l'Impreſſion dudit Ouvrage ſera remis dans le même état où l'Approbation y aura été donnée, ès-mains de notre très-cher & féal Chevalier le Sieur Dagueſſeau, Chancellier de France, Commandeur de nos Ordres; & qu'il en ſera enſuite remis deux Exemplaires dans notre Bibliothéque publique, un dans celle de notre Château du Louvre, & un dans celle de notre très-cher & féal Chevalier le Sieur Dagueſſeau, Chancellier de France, Commandeur de nos Ordres: le tout à peine de nullité des Préſentes, Du contenu deſquelles vous mandons & enjoignons de faire joüir l'Expoſant ou ſes ayans cauſes, pleinement & paiſiblement, ſans ſouffrir qu'il leur ſoit fait aucun trouble ou empêchement: Voulons que la Copie deſdites Préſentes, qui ſera imprimée tout au long au commencement ou à la fin dudit Ouvrage, ſoit tenuë pour dûement ſignifiée, & qu'aux copies collationnées par l'un de nos amez & féaux Conſeillers & Secretaires, foi ſoit ajoutée comme à l'Original. Commandons au premier notre Huiſſier ou Sergent, de faire pour l'exécution d'icelles tous Actes requis & néceſſaires, ſans demander autre permiſſion, & nonobſtant Clameur de Haro, Charte Normande & Lettres à ce contraires: Car tel eſt notre plaiſir. Donné à Verſailles le vingt-deuxiéme jour du mois d'Août, l'an de grace

mil sept cent trente-huit ; & de notre Règne le vingt-troisiéme. Par le Roi en son Conseil.
Signé SAINSON.

Registré sur le Registre X. de la Chambre Royale des Libraires & Imprimeurs de Paris. N°. 105. Fol. 93. conformément aux anciens Réglemens, confirmés par celui du 28. Février 1723. A Paris ce 26. Septembre 1738. Signé, LANGLOIS, *Syndic.*

De l'Imprimerie de BALLARD Fils, rue Saint Jean de Beauvais, à Sainte Cécile.

www.ingramcontent.com/pod-product-compliance
Lightning Source LLC
LaVergne TN
LVHW022128080426
835511LV00007B/1076